DIREFAREGIOCARE

CON GIANNI RODARI

Luoghi, personaggi, animali, invenzioni
della fantasia dei bambini
presentati da
Marcello Argilli, Carlo Bernardini,
Giorgio Celli, Tullio De Mauro,
Emanuele Luzzati e Marisa Musu

FATATRAC

Progetto editoriale: Fatatrac srl
Organizzazione e coordinamento: Barbara Accetta e Maria Pazzi
(C.G.D.)
Grafica: Sonia Mastrogiuseppe
Redazione: Sepia - Studio Redazionale
Fotocolor: Studio Cappelli
Impianti: Fotolito Toscana
Fotocomposizione: Leadercomp
Stampa e legatura: Nova Zincografica Fiorentina

© 1990 Fatatrac srl
via Chiarugi 7
50136 Firenze

Questo libro è stato realizzato con il contributo della

CASSA
DI RISPARMIO
DI FIRENZE

Il Coordinamento Genitori Democratici e quattro Comuni (Omegna, Orvieto, Reggio Emilia, Rosignano Marittimo) strettamente, anche se diversamente, legati alla vita e all'opera di Gianni Rodari, hanno dedicato il 1990, decimo anniversario della morte di Gianni, al grande scrittore, educatore, poeta. "Direfaregiocare" è una testimonianza di questo impegno.

Marcello Argilli

Gianni Rodari è indubbiamente il nostro maggior scrittore per l'infanzia del '900. E non solo perché è il nostro autore più poetico, fantasioso e divertente, ma perché più di ogni altro ha innovato, direi rivoluzionato, il rapporto scrittore-bambino. Come Rodari concepiva la letteratura per l'infanzia si può capire da queste parole scritte nel 1969, pensando evidentemente a se stesso: "Prima ancora della comparsa dei nuovi mezzi di comunicazione che hanno inserito i ragazzi nel mondo adulto, è stata la spinta ideale della lotta democratica in Italia a mutare il rapporto tra gli scrittori per i ragazzi e il loro pubblico, a portare nel loro dialogo temi che una volta dai libri per ragazzi erano esclusi: il tema della pace, della guerra, quello della libertà, le cose e i problemi del mondo di oggi".

Il valore artistico di Rodari non deriva da una sua asettica vocazione poetica o da tecniche buone per tutti gli usi, come si tende a vedere oggi. È dagli anni '50 fino al 1966 che Rodari scrive i suoi libri più innovatori, rompendo con una tradizione della letteratura infantile italiana piccolo-borghese, moralista, nazionalista o, al meglio, populista, e aprendo la strada della letteratura infantile dell'Italia democratica e repubblicana.

Con le sue opere maggiori, Rodari spalanca ai bambini, e anche a noi adulti, le finestre su tante esperienze del mondo, della vita, dei sentimenti, ci propone grandi progetti di fantasia-liberazione, suggestive utopie sociali come _Il paese degli alberi di Natale_, divertentissime satire della nostra società attraverso le poetiche fantasie di _Gelsomino nel paese dei bugiardi_, o dell'autoritario paese del Principe Limone nel romanzo _Le Avventure di Cipollino_, ci invita cioè a fantasticare su società diverse e più giuste di questa in cui viviamo e in cui vivono i nostri ragazzi.

In quel libro geniale che è la _Grammatica della fantasia_, ma non solo in esso, direi in tutta la sua opera, Rodari si è soffermato sui tre fondamentali momenti di socializzazione dei bambini, in primo luogo la scuola, ma anche la famiglia e i mass media.

È noto che il cardine della concezione pedagogica di Rodari è il ruolo privilegiato assegnato alla fantasia e alla creatività e oggi, grazie a lui, questi termini entrano sempre più nella scuola. Per Rodari la funzione creatrice dell'immaginazione è essenziale al bambino, come all'uomo. Serve allo scienziato come all'artista, è condizione necessaria alla vita quotidiana di ogni persona, nella famiglia, nel lavoro, nei rapporti personali. Per questo è indispensabile che il bambino, per nutrire la sua immaginazione e applicarla a compiti adeguati, per ampliare i suoi orizzonti conoscitivi, possa crescere in ambienti – famiglia e scuola – ricchi di impulsi e di stimoli.

"È possibile – ha scritto Rodari – un'educazione alla creatività. Tutti possono essere creativi a patto di non vivere in una società repressiva, in una scuola repressiva, in una famiglia repressiva". Questa triplice alleanza repressiva, Rodari non si è limitato solo ad analizzarla e a denunciarla. Con la *Grammatica della fantasia* ci ha offerto infatti una serie di strumenti per dare, nella scuola e nella famiglia, un ruolo nuovo al bambino, il ruolo di un bambino creatore, produttore, ricercatore, invece del tradizionale ruolo passivo che ha sempre avuto nella scuola e ora ha di fronte agli audiovisivi.

Dopo la grande stagione creativa degli anni '50 e '60 Rodari sposta la sua attenzione sul linguaggio, sul gioco creativo delle parole. Eppure anche quando la sua poetica diventa più surreale, quando il divertimento si concentra più sul linguaggio, le parole dicono sempre più di quel che letteralmente sembrano dire. Mago della parola, Rodari non è mai gratuito.

La scuola quasi sempre preferisce questo secondo Rodari, quello, diciamo, meno "divergente". Non credo però che sia questo il Rodari più poetico e innovatore, che più direttamente e intimamente accende la fantasia e i sentimenti dei ragazzi. D'altra parte è evidente che una scuola in cui il rinnovamento stenta assai, in cui la sperimentazione langue, è evidente che questa scuola difficilmente è portata ad accogliere alimenti poetici e stimoli fantastici che ne

contraddicono lo spirito e i metodi fondamentalmente conservatori.

Molti – scrittori, critici e anche insegnanti — tendono a vedere oggi in Rodari solo la lezione formale e non lo sprone a entrare in rapporto con il reale immaginario infantile, oggi rivoluzionato dai mass media, a rompere processi di omologazione sociale, fantastica e gergale, a stimolare il ragionamento e la creatività. Rodari ha sempre avvertito il rischio di una letteratura infantile conformisticamente accattivante e banalmente ludica. In una lettera al suo editore, nel 1968, scrive: "Non so se ti ho dato l'idea di un libro più impegnato, più politico, meno evasivo, forse minoritario (ma non tanto), forse protestatario (ma non in senso estetizzante). Personalmente ne sento il bisogno perché troppa gente comincia a considerarmi dei suoi: la TV, i preti, eccetera. Bisogna che mi distingua, che mi faccia un po' di nemici. Ma – questo conta – ne sento il bisogno per le famiglie: cinque, diecimila famiglie che vogliano figli capaci di dire di no, anche se costa caro. Un libro con tanti 'no' e anche con tanti 'sì', la fede in quello che uno fa, nelle persone che pagano di persona, nella necessità di cambiare continuamente il mondo".

Rodari ci ha lasciati dieci anni fa, il 14 aprile 1980. Sta a noi genitori, insegnanti, educatori, scrittori per l'infanzia, portare avanti il suo discorso, la sua ricerca, i suoi suggerimenti in quello che hanno di più innovativo.

Carlo Bernardini

Gianni Rodari, come Lucio Lombardo Radice, rappresentava un tipo umano assai particolare: entrambi erano disposti a dialogare con i bambini, cosa che alla maggior parte delle persone sembra una fastidiosa incombenza, comunque non più che occasionale, da delegare alle mamme. Perché, nell'idea corrente, un bambino è poco più di un animaletto oggetto di mammismo.

Rodari piazzava filastrocche, Lombardo Radice piazzava numeri e idee, direttamente, ai bambini. E va bene, questo lo sappiamo tutti. Ma era il modo di farlo, il loro modo, che mi sembra si sia perduto: niente animaletto, niente mammismo – da una parte – ma anche: niente seriosità adulta, presupponenza, superiorità enciclopedica – dall'altra. Sembra ovvio che se un esploratore entra in contatto con una sperduta tribù ne adotti prima che può le usanze e la lingua (salvo i missionari, che distruggevano usanze e lingua prima di capirle). Con la tribù dei bambini, Gianni, Lucio e pochi altri hanno adottato il metodo del buon esploratore; tutti gli altri, indottrinano (come i missionari di cui sopra).

E così, indottrìnati che ti indottrìno, i bambini crescono perdendo la voglia di leggere poesie o di fare calcoli. Diceva Augusto Frassineti: "Ho impiegato ottant'anni/di lavoro mentale/per capire che l'uomo/è un bambino andato a male". Con questo motto, alcuni di noi hanno cercato di ereditare alla bell'e meglio le virtù di Gianni e di Lucio, tentando incontri ravvicinati con i bambini – ma di nascosto, in modo che l'accademia non se ne accorgesse, per non essere dileggiati.

Che scoperta! che tribù! se gli adulti, oltre che il calcio, la convenienza dei supermercati, la musica rock e le mozioni del partito comunista studiassero con altrettanto impegno la lingua e le usanze dei bambini, scoprirebbero capacità razionali che loro, ahimè!, non hanno più. Ma temo che non ci sia niente da fare: l'adulto è il potere.

E questo insegna: il potere. Come non farsi fregare, come approfittare, come divertirsi a spese d'altri, come lavorare il meno possibile, come far soldi senza vergognarsi del proprio analfabetismo, eccetera.

Tempo fa, un mio nipote che aveva appena imparato a scrivere a stampatello, prese una matita e mi mandò una lettera dal lontano paese in cui allora abitava. La lettera conteneva una domanda stringata, essenziale: "KARO OPA, COME FA IL MANGARE A DIVENTARE CACA?" (Opa è il nonno, in olandese). Mi scaldai molto, ce la misi tutta. Mi guardai bene dal sottolineare che la K non era appropriata, che mancava una i, che cacca vuole due c – anche se questo si fa, di solito, nelle scuole. Devo avvertire che ho scritto articoli scientifici assai specialistici, difficili anche per i miei dotti colleghi; ma mai m'era capitato di rendere con tanto sforzo, provando e riprovando, la trasformazione del cibo in cacca nel corpo umano in modo che non fosse una catena nebiogena di paroloni, quelli che servono agli adulti per comunicare tra le righe: "Meno capisci e più ti sembra autorevole". A mio nipote importava *solo* una risposta comprensibile, ciò che è e non ciò che appare. La mia risposta non merita una virgola, la sua curiosità merita invece il massimo rispetto. Posso solo vantarmi di non averlo mai scoraggiato dal fare domande. Poi, hanno incominciato a dargli risposte, a domande che lui non faceva, e non mi ha scritto più. Così, non ho imparato bene la sua lingua, assai più interessante dell'etrusco perché è una lingua perenne, sempre viva.

Gianni, Lucio. Ce n'è sempre meno.

Giorgio Celli

" La grammatica della fantasia" di Gianni Rodari, non è soltanto una macchina per inventare storielle, ma costituisce, a ben pensarci, un libro di etnologia domestica, che intende mettere in luce i meccanismi, in qualche modo *prelogici* – mi si consenta questo termine suggestivo quanto controverso – che governano la mente di quei piccoli "selvaggi transitori" che sono i bambini. Non ho dubbi che, al di là delle precisazioni e dei distinguo di una falange di psicologi, il bambino pensa in maniera *magica*, e quindi, come ha rivendicato, sconfessando se stesso Lucien Lévy-Bruhl nei suoi prodigiosi *Carnets*, in maniera insieme simile a dissimile alla nostra. Di noi adulti, s'intende. Per esempio, noi decretiamo che una barca galleggia perché riceve una spinta dal basso all'alto eguale al volume del liquido spostato, mentre il selvaggio, o il selvaggio di complemento, cioè il bambino, sono più propensi a credere che nell'acqua ci sia un dio invisibile, o una fata fluviale che sostengono lo scafo. In ambedue gli ambiti, quello scientifico e quello magico, viene, tuttavia, individuata concordemente una causa: l'una naturale e l'altra soprannaturale, l'una fisica e l'altra mitica.

Ma siccome, e l'ammonimento è di Federico Nietzsche, ogni legge scientifica è il frammento di un sogno mitologico, tra i due modi di interpretare i fatti dell'universo esiste una consonanza di fondo: razionalizzare, anche attraverso l'impiego dell'irrazionale, quello che accade. Per esempio, in un capitoletto del libro di Rodari succitato, si racconta di un nonno che, trascurato in famiglia, se ne va di casa, entra in una zona archeologica romana ormai stabile territorio di una tribù di gatti, e si trasforma in un soriano. Questa metamorfosi ha un induttore magico, che lo rende *credibile*: il nonno passa sotto la sbarra che preclude l'accesso ai ruderi ed entra nel paese dei gatti. Dunque, compie un gesto iniziatico e va da un universo all'altro, subendo le conseguenze connesse: la perdita di se stesso e la propria rinascita in altra forma, che sono gli elementi canonici di ogni peripezia mitica. Nuova patria, nuovo corpo. Esiste, in letteratura, un'altra celebre metamorfosi, quella di Gregor Samsa, il protagonista di un racconto di Franz Kafka, che si sveglia e scopre... di essere diventato un insetto! Il racconto del nonno mutato in animale ci consente di capire perché la storia di Kafka risulti così angosciosa e quella di Rodari così ludica. La ragione non è solo quella che un gatto è più simpatico, o certo meno disgustoso, di un insetto; l'innesco della fabulazione è differente. Mi spiego meglio, per la metamorfosi del nonno in gatto viene indicata una causa, per quella di Gregor in insetto no. Dunque, se i miti hanno sempre avuto il compito di rassicurare gli uomini raccontando l'origine e il perché delle cose, un evento assolutamente gratuito ci fa regredire a quel *prima* di ogni significato in cui si agitano i grandi terrori elementari. Insomma, il libro di Rodari può venir riletto come un'esplorazione del pensiero magico nel bambino, il che significa anche scoprire le matrici "selvagge" della creatività infantile ed evoco qui, a sua discolpa, gli spettri-guida di Vico e di Piaget. Il racconto del nonno-gatto di Rodari ci conferma, tra l'altro, come la metamorfosi dell'uomo nell'animale non faccia scandalo: il bambino la trova sempre naturale. In questo senso possiamo ben dire che la percezione primitiva e infantile ha preceduto Charles Darwin e le sue teorie; se per il padre dell'evoluzione gli uomini e gli animali sono scientificamente consanguinei, per la fantasia "selvaggia" risultavano già magicamente permutabili.

Tullio De Mauro

Buona parte degli esseri umani si guarda bene dal pensare troppo alle parole. Parlare è una cosa così naturale! E, in certo senso, è vero: fa parte degli sviluppi ordinari dei piccoli della specie imparare fin dai primi mesi di vita a confrontarsi con le parole, a isolarne il suono tra i tanti che colpiscono l'orecchio, a interrogarsi sul loro valore, a capirne il tono affettuoso o irritato, finché un po' alla volta i piccoli imparano a produrre anche loro parole. E, da allora, le parole accompagnano, come parole dette, ascoltate, lette, scritte, pensate, sognate, ogni momento della nostra vita: la vita degli affetti, delle amicizie e inimicizie, delle opere d'ogni giorno o più ardue, dei pensieri, delle riflessioni banali o alte che siano. Vivere tra le parole è naturale come respirare l'aria, dissetarsi con l'acqua.

E, come per molto tempo quasi tutti gli umani non hanno pensato né all'aria né all'acqua, così in generale non hanno pensato alle parole.

Alcuni pochi però ci hanno pensato: i maestri che insegnano a scrivere, i grammatici, i professori, chi fa titoli e articoli di giornale, chi fa vocabolari, chi studia la struttura e la storia delle parole, e cioè i linguisti. In generale, quanti ci hanno pensato lo hanno fatto con mente analitica. E anche loro avevano le loro brave giustificazioni. Come si scrive *questa* parola? C'è *una* parola per esprimere questo concetto? Per tradurre nella nostra lingua *una* parola straniera? Qual è l'etimologia, la pronunzia, la struttura morfologica di *questa* parola? Chi ha pensato alle parole lo ha fatto per rispondere a queste domande. E così un po' alla volta la maggior parte dei competenti ha finito col convincersi che è giusto considerare le parole una per una, come farfalle o insetti sotto il vetrino dall'entomologo.

Qua e là, per la verità, negli ultimi cinquanta, sessanta anni, qualcuno ha cominciato ad avere qualche dubbio sulla cosa. Gianni Rodari è stato in sintonia con questi. Attenzione: non voglio dargli per forza una cattedra di filosofia del linguaggio. Non ne ho l'autorità da solo, e poi Gianni si metterebbe a ridere. (Così si mise a ridere quando uscì la *Grammatica della fantasia* e io mi buttai a scrivere che, con molta grazia e levità, Rodari ci aveva dato un «classico»: l'opinione poi è passata in giudicato, oggi pensiamo tutti che quel piccolo libro sia effettivamente un grande classico, ma allora Rodari, arrivato al giornale al mattino presto e letto il mio articolo, scoppiò a ridere, scrisse un bigliettino e se lo appiccicò con uno spillo sul dorso della giacca. E così andò in giro tutto il giorno per stanze e corridoi del giornale. E sul biglietto c'era scritto: «Attenzione! Io sono un classico»).

Dunque, non farò a Rodari il torto di avere un amico presuntuoso che gli vuole per forza dare la cattedra di filosofo del linguaggio. Ma nemmeno posso tacere che, effettivamente, Rodari ci fa sentire, vivere, capire le parole in una luce nuova e diversa da quella più comune.

Una luce che è la stessa promanante dagli studi e dalle ricerche di linguisti come Saussure, Hjelmslev, Chomsky, di psicologi come Freud, Jung e Vygotskij, di filosofi come Wittgenstein, di semiologi come Prieto e Eco.

Rodari ci fa sentire e sperimentare che alle parole, a ciascuna parola non appartiene l'isolamento, ma, per dir così, la vita di relazione.

Ogni parola è e va capita, usata, sfruttata in quanto è in relazione con le altre prossime e lontane. «Si prendano due parole» dice la voce piana e suasiva di Rodari, «a caso, dal vocabolario o da qualsiasi altro testo stampato... Si gettino le due parole l'una contro l'altra e si osservino le varie combinazioni, si afferrino i suggerimenti espressi dal loro occasionale duello...». E nel *Pianeta degli Alberi di Natale* si sa bene che successe:

> *Su quel pianeta hanno inventato un gioco*
> *che si chiama* duello di parole.
> *A impararlo ci vuole poco.*
> *Uno dice, una parola,*
> *per esempio* pianta.
> *Il secondo ne dice un'altra,*
> *per esempio* gatti.
> *Il terzo le mette insieme*
> *e inventa la* pianta dei gatti.
> *Roba da matti.*

> *Ma non è tutto.*
> *Il quarto la deve disegnare,*
> *con un gatto al posto d'ogni frutto.*
> *Al quinto invece tocca raccontare*
> *la storia del contadino*
> *che un giorno va per cogliere le pere*
> *e crede di stravedere*
> *(La storia come continua?*
> *Prova un po' a dirlo tu).*

Se guardiamo non alle parole isolate, ma alle parole messe in relazione, un po' alla volta (ci fa capire e sentire, ci racconta Rodari) germina il senso del rapporto profondo che dalle parole rinvia alle cose, e viceversa, dal mondo al linguaggio, dal linguaggio alla «scuola grande come il mondo». E non basta, non è tutto: se interroghiamo con le parole le cose, queste non solo ci «raccontano segreti» preziosi, ma ci fanno avvertire che parole e cose contano in quanto sono in relazione con noi, ciascuno e tutti insieme. Le parole stanno dentro di noi, nella nostra memoria, nella memoria delle nostre esperienze vitali.

Ogni parola diventa viva davvero (e noi con lei) se la sentiamo come nodo di relazioni con altre innumeri parole possibili, con le cose del vasto mondo, con l'intera nostra personalità di «animali...».

A dieci anni di distanza, questo pare essere il succo teorico. La filosofia linguistica di Gianni Rodari: un'eredità preziosa per chi insegna e per chi studia, nelle scuole e nella ricerca.

Emanuele Luzzati

...Pulcinella è grasso e bianco
e Pierrot fa il saltimbanco
Pantalone dei bisognosi
- Colombina - dice - mi sposi?...

Con questi quattro versi da una sua filastrocca Gianni Rodari ha gettato le premesse per quello che sarebbe stato uno degli esperimenti teatrali più stimolanti cui ho avuto la fortuna di partecipare.

Come un prestigiatore, Gianni ha messo nel suo cappello un gruppetto di maschere (Arlecchino, Pulcinella, Pierrot, Balanzone, Colombina ecc.) e con i bambini del circolo Allende della Spezia ne ha tirato fuori uno spettacolo straordinario. Certo, i testi, i dialoghi, le idee erano dei bambini, ma Gianni come sempre è riuscito a stimolare la loro creatività al massimo e da quel cappello ne sono usciti dei personaggi vivi, caratterizzati al massimo con i loro pregi e difetti, le loro fantasie; ne è uscita poi una storia piena di avventure, profonda e divertente, assurda e realistica, moderna ma antica come una leggenda e mi domando perché oggi invece di rappresentare noiose e inattuali commedie, gli impresari non si rivolgono ai bambini per chieder loro qualcosa di un po' più... vivace!

Il guaio è che oggi in Italia i bambini non hanno più Gianni Rodari per mescolare nel cappello personaggi e idee, fantasia e creatività, né so chi potrebbe sostituirlo...

Voglio almeno raccontare in sintesi il lavoro fatto insieme a La Spezia perché possa servire a maestri ed educatori come traccia ideale per altre esperienze simili e siano stimolati ad intraprendere coi bambini altre avventure teatrali e di spettacolo: materia in cui, in Italia, siamo molto carenti e che invece trovo importantissima per l'educazione dell'infanzia.

A nostra disposizione avevamo un grande spazio (potrebbe essere una palestra, un teatro vuoto, o semplicemente una grande sala d'ingresso) e alcuni attori che si prestavano ad interpretare il ruolo affidato dai bambini (ma gli attori potrebbero essere gli stessi ragazzi). Non so di chi sia stata l'idea di creare le "isole", che partendo da un palco sopraelevato si sviluppavano tutt'intorno lungo le pareti del salone. Gli spettatori stavano in mezzo, seduti su cuscini e si giravano o spostavano via via che lo spettacolo si sviluppava di isola in isola.

All'inizio sul palco si svolgeva una specie di rito della nascita delle maschere: a poco a poco venendo al mondo, uscendo dai loro gusci di carta, i vari Pulcinella, Colombina, Pantalone mostravano già in embrione il loro carattere; Arlecchino addirittura non voleva nascere: stava dentro un involucro che chiamava la sua mamma e si rifiutava di venirne fuori...

Poi a poco a poco le maschere prendevano confidenza con il mondo e si avventuravano nella prima isola: *L'Isola delle paure*, e lì naturalmente troviamo gli uomini neri, la strega, il fantasma e i vari babau. Ma i nostri eroi dopo aver addormentato i babau neri, scappano e arrivano nell'*Isola delle parole*. Naturalmente in quest'isola si vendono parole e Pantalone ne diventa il grande mercante, mentre Brighella, suo servitore, fa l'imbonitore e Arlecchino ruba le parole che più gli piacciono; Pierrot compra le parole d'amore e le regala a Colombina e alla fine Arlecchino che ha rubato la parola "LIBERTÀ" fa scappare tutti per raggiungere il pianeta Zorro (la terza isola). È l'*Isola della fantascienza*, dell'avventura con terrestri e marziani. Poi con una zattera le nostre maschere attraversano l'oceano con varie avventure (tempesta, cadute in mare, salvataggi ecc.); finché approdano nell'*Isola delle favole*: qui ogni maschera racconta una favola a seconda del proprio carattere e fantasia e alla fine intonano un piccolo coro per annunciare l'intervallo.

Nel secondo tempo le maschere si aggirano incerte per la sala, non sapendo bene dove andare e non trovano niente di meglio che recarsi nell'*Isola-ospedale* dove il povero Pantalone è ricoverato: viene operato, spezzettato, ricucito, mentre le altre maschere si divertono a contemplare e a frugare in tutte le parti del suo corpo, specialmente dentro la pancia in cui trovano ogni sorta di oggetto. Ma Pantalone poi si risveglia e scappa, seguito da tutti gli altri e arriva in una specie di circo, dove si mette a fare l'animatore. È il famoso gioco dello "scatolino" che già Rodari ha sperimentato in altre occasioni.

Infine attraverso un tunnel i nostri eroi arrivano nell'*Isola dell'uomo che non c'era*: infatti non c'è nessuno, ma solo uno specchio e tutti capiscono che devono riconoscere se stessi; capiscono che stanno diventando grandi, più maturi e fanno ancora un tentativo di evasione: vogliono lasciare la terra per arrampicarsi sulla luna e da lassù vedono il nostro pianeta piccolo piccolo con tutti i bambini-spettatori che li guardano. Finalmente capiscono che devono tornare da loro e con loro giocare e scrivere allegramente insieme e in una festa finale maschere, attori, registi e pubblico ballano e cantano insieme:

> *Fantasmi e babau, tenetelo a mente*
> *noi non abbiamo paura di niente*
> *vogliamo le parole per stare insieme*
> *e sulla zattera c'è posto per tutti!...*

Così cantando e ballando con un gran corteo tutti escono dal teatro.

E noi speriamo che stimolati da questa storia in tutto il mondo i bambini creino tante altre isole di fantasia perché ce n'è tanto bisogno e anche se Gianni non c'è più è rimasto il suo cappello da prestigiatore: facciamo sì che ne escano ancora colori, idee, fantasia, storie e allegria.

Marisa Musu

Colori, forme, parole insolite ma non estranee: guardiamo i disegni e le creazioni di questi bambini ed essi ci parlano dell'attualità di Rodari. È desueto il suo messaggio, ma non superato o radicato in un passato che è ormai solo memoria.

Tutt'altro la sua originalità ce lo fa apparire non consumato (basta uno sguardo, anche rapido, alla mostra per rimanere colpiti dalla sua genuinità); questi bambini sono rodariani appunto perché liberano la fantasia e la creatività come espressioni autentiche di qualcosa che non è copia, ripetizione, imitazione.

Consumo, omogeneità, massificazione: l'antitesi dell'insegnamento di Rodari. Qui, in queste opere infantili, non ce n'è quasi traccia: a conferma che il nocciolo del pensiero di Gianni Rodari è rimasto vivo, attuale, eppure felicemente utopico e futuribile.

È possibile, in questi anni Novanta, vivere ancora con Rodari l'amore per la cicala "che il più bel canto non vende regala"? È possibile cioè far qualcosa nel segno del piacere, della libertà, della generosità, senza cadere nell'omologazione che rende tutto merce? Si esiste solo perché si vende o si compra, si è venduti o comprati: è una norma che si può rifiutare? Rodari ci dice di sì e questa mostra testimonia l'attualità di quel sì, lo visualizza con grande vigore, gli dà valore nuovo nel presente.

È possibile in questi anni Novanta incontrare ancora con Rodari quel "signore di Scandicci" che "buttava le castagne e mangiava i ricci"? C'è ancora, cioè, "tanta gente" che "non lo sa" e dunque "non se ne cruccia": "la vita la butta via / e mangia soltanto la buccia"?

Da quando Gianni è scomparso, il mondo ha camminato di gran corsa e si fa fatica a immaginare che qualcosa sia rimasto come dieci anni fa. Eppure, di gente che vive solo la superficie dei giorni, dei sentimenti, c'è ne è ancora tanta, come ai tempi di Gianni. È ottimismo della ragione quello che ci fa guardare i lavori di questa mostra e trovare in essa la testimonianza che i bambini e le bambine che hanno disegnato, colorato, inventato così non diventeranno, crescendo, né "signori" di Scandicci né "cugini" di Prato? Chi ha imparato fin da piccolo "la grammatica della fantasia" difficilmente mangerà le bucce della vita. La polpa l'ha assaporata già in questi disegni, in questi colori, in queste forme che sono assieme sogno e fantasia e raramente, crediamo, si rincattuccerà nella fuga, nella rinuncia, nell'indifferenza.

È possibile in questi anni Novanta sperare ancora con Rodari che "affacciato a uno sportellino" di un treno che "dal primo all'ultimo vagone / è tutto nero di carbone" ci sia "il muso bianco di un vitellino"?

Esiste cioè, dopo questi lunghi dieci anni che ci separano

dalla sua scomparsa, durante i quali l'omologazione ha offuscato sfumature e differenze, ha fatto tramontare arcobaleni di pensieri e di atti, esiste ancora la realtà, o la speranza di una realtà, di un avvenire che comprenda in sé la gioia, la ricchezza, la vitalità del diverso?

Chi ha potuto vedere le opere di questi bambini si sentirà confortato nell'auspicio di una società del domani dove la diversità sia esaltata, non solo tollerata, sia accolta, ricercata e non confusa o assorbita, sia considerata ceppo vigoroso e fertile della pianta umana che dalla varietà dei suoi molteplici rami trae vitalità, equilibrio, saggezza.

Da questi lavori, quindi, una straordinaria, originalissima sottolineatura dell'attualità, della modernità di Gianni Rodari.

Hanno lavorato per la "Mostra fantastica"

Materne

Scuole comunali dell'infanzia	
"Diana"	Reggio Emilia
di Gabbro Nibbioni	Rosignano M.mo (LI)
"B. Ciari"	Vada (LI)
Scuola materna comunale di	Ozzano Emilia (BO)
Scuola materna non statale di	Torbole sul Garda (TN)
Scuola materna statale di	Acquasparta (TR)
Scuola materna statale di	Allerona (TR)
Scuola materna statale di Bassa	Cerreto Guidi (FI)
Scuola materna statale di Lazzeretto	Cerreto Guidi (FI)
Scuola materna statale di S. Zio	Cerreto Guidi (FI)
Scuola materna statale "G. Rodari" 21° c.d.	Firenze
Scuola materna statale di via Gramsci	Guspini (CA)
Scuola materna statale di via G.B. Lasalle	Massa
Scuola materna statale di	Montecchio (TR)
Scuola materna statale di Canonica	Orvieto (TR)
Scuola materna statale di Ciconia	Orvieto (TR)
Scuola materna statale di	Rosignano M.mo (LI)
Scuola materna statale "C. Battisti"	Rosignano Solvay (LI)
Scuola materna statale di via Veneto	Rosignano Solvay (LI)

Elementari

di Via Ferrario	Agrate Brianza (MI)
"Carducci"	Allerona (TR)
"R. Fucini"	Castiglioncello (LI)
a tempo pieno "E. Piccini"	Ficulle (TR)
scuola elementare di	Fiorenzuola d'Arda (PC)
"G. Bechi" 21° c.d.	Firenze
"G. Rodari" 7° c.d.	Firenze
"E. De Filippo" e "M.L. King" 18° c.d.	Firenze
"G. Deledda"	Guspini (CA)
"A. Benci" 2° c.d.	Livorno
"Giovanni XXIII"	Modena
scuola elementare di	Monghidoro (BO)
di p.zza Marconi 1° c.d.	Orvieto (TR)
di via 1° Maggio 3° c.d.	Orvieto (TR)
di Sugano	Orvieto (TR)
del 5° c.d.	Pescara
a tempo pieno Grottarossa 163° c.d.	Roma
scuola elementare di	Rosignano M.mo (LI)
"E. Solvay"	Rosignano Solvay (LI)
"Europa"	Rosignano Solvay (LI)
di via Astronauti	San Sebastiano al Vesuvio (NA)
"Collodi"	San Sisto (PG)
"De Amicis"	Tavarnelle Valdipesa (FI)
"A. S. Novaro"	Vada (LI)
"G. Rodari" 8° c.d.	Viaccia, Prato (FI)

Medie

"E.S. Recagno"	Cogoleto (GE)
"G. Rodari"	Crusinallo di Omegna (NO)
"Bramante"	Fermignano (PS)
"Botticelli"	Firenze
di Montenero	Livorno
"Cardarelli"	Roma
"D. Alighieri"	Rosignano M.mo (LI)
"G. Fattori"	Rosignano M.mo (LI)
"Valussi"	Udine
Asili nido comunali di	Omegna (NO)
	Ozzano nell'Emilia (BO)
Biblioteche comunali per ragazzi	
di p.zza Marconi e di via 1° Maggio	Orvieto (TR)

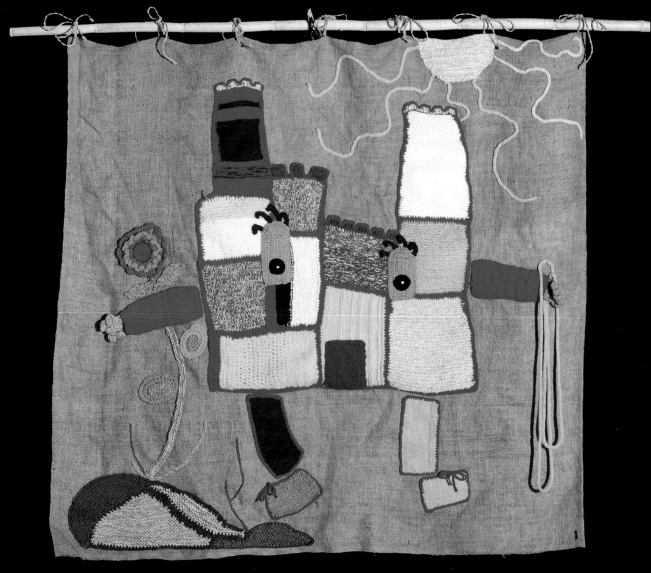

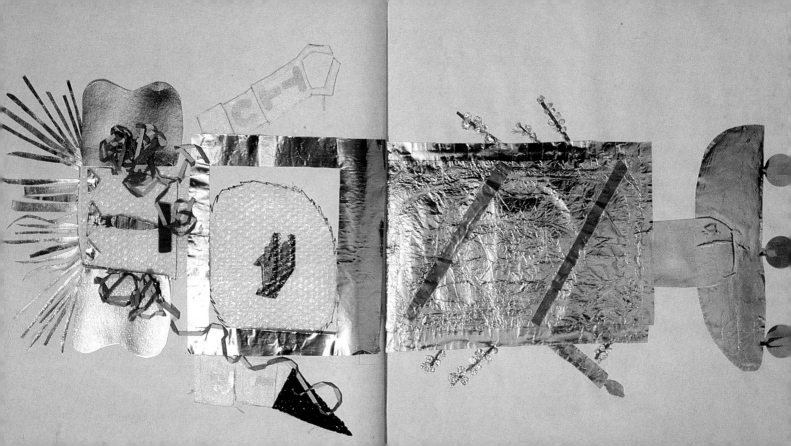

La signora con tanti gioielli

REALIZZAZIONE DEL PERSONAGGIO PROTAGONISTA DELLA STORIA INVENTATA DAI BAMBINI (GRUPPO MISTO 4/5 ANNI) 23/11/89

Il vecchio signore si levò il cappello che aveva sulla testa e stranamente de qui uscì un cavallo con la coda verde che cominciò a spingere Gelaton per farlo salire sulla sua groppa. Gelaton, costretto dallo strano cavallo, salì sulla groppa me...

come afferrò l'aereo per la coda questo si trasformò in un ansieno e grosso signore che pedalava velocemente sulla sua bicicletta con delle piccolissime ruote azzurre.

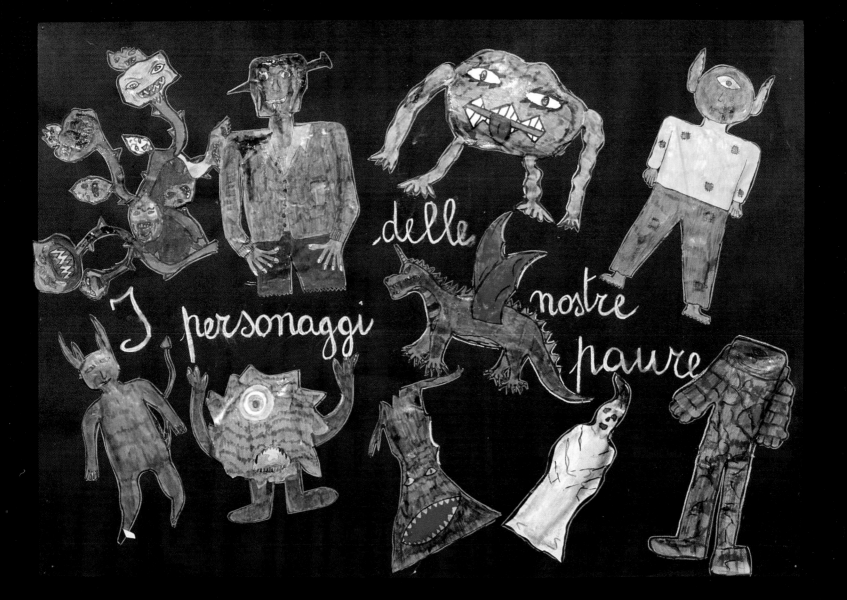

I personaggi delle nostre paure

Animali.... fantastici

il tartagatto

il plurizamputo

il cavallo alato

il gatto piumato

il cigno-chiocciola

l'uccelloriccio

il cavalgiraffa

La giraffa Genoeffa si prepara per andare ad una festa.

Il papero Casquino ha pescato un pesciolino.

... sotto la giac

La giraffa Genoeffa si prende...
andare...

Il coccodrillo Giovannone si man...
gia un gelatone.

La tartaruga Teresa sotto la giac
ca ha una sorpresa.

B COME **BUE** AFFATICATO CHE

URLA

ESTENUATO

B

Z COME **ZEBRA**

ECCEZIONALE

BESTIA

REALE IUVENTINA CHE SI

ALLENA DI MATTINA

Z

SELENIA

un leone

FIRENZE
CIRCOLO21
SCUOLA MATERNA
STATALE
G. RODARI

Le navi si muovevano nel mare come travolte da mareontine

Alla gente a forza di girare ere venuto il mal di testa

il dottore che stava nella nave aveva finito tutte le medicine e non sapeva più cosa fare.

...cosa, vedendo tutto questo macello si fermò e cominciò ad aiutare la gente che era caduta nel mare facendola salire sulla sua schiena e piano piano tutti furono salvi.

L'UCCELLINO CANTE...

...L PINISTRELLO QUANDO
...ÈL L'OMBRELLO.

G A M
L N O
N O L
i i i

L'ELEFANTE SBIRULINO USA
ANCORA IL PANNOLINO.

IDEATO E REALIZZATO

DA

LARDANI ELISA
OTTOBRINI LUISA
SEGHETTA ALESSANDRA

ORVIETO SCALO - BIBLIOTECA RAGAZZI -

LA FARFALLA VOLA E VA PER TUTTA LA CITTÀ.

LA PANDINA CAROLINA METTE

Il mio PIPISTRELLO QUANDO PIOVE APRE L'OMBRELLO.

Il fantasma formaggino

La tana del lupo

Il paese della luna

Poi piano, piano, staccandosi dal fondo del mare cominciò ad alzarsi una vera, grande e bella città. Sembrava una palla di cristallo e come una montagna di ghiaccio cominciò lentamente a salire sempre più su, sempre più su, fino alla spiaggia.

Vide il castello e cominciò a cercare la porta per entrare. Gli piaceva quella gente che sembrava felice e quella casa
splendente come un lucente sole d'agosto lo'invoiciava sempre più.
Finalmente il piccolo pesce rosso riuscì ad entrare. Aveva fati-
cato molto ed aveva sete e molta fame. Vide in un angolo
un sacchettino... sarà qualcuno da mangiarci, pensò. Così, svelto,
svelto muotò fin lì e allungando le sue piccole mani aprì il sacchetto e ci entrò dentro. Nel sacchetto c'era una polverina magica
che il pesce, cercando di uscire fuori, spanse via spargendola
per tutta la sfera di cristallo.

C'era una volta un leone nel bosco, sopra un'isola, era accucciato, più lontano c'era il mare.
Questo leone guardava un uomo che faceva il wind-surf; la vela è triangolare e colorata di giallo,
blu e verde ed in cima c'è la bandierina per vedere da dove viene il vento.
L'uomo va nell'acqua fonda perché nell'acqua bassa c'era la terra e ci strusciava e poi
se c'erano i bimbi ……

Tutti insieme raccolsero le letterine e andarono a rimetterle al loro posto. La SCO ridiventò una bella scuola, dove c'era gusto ad entrare e si imparano tante belle cose, i BERI rimisero foglie, fiori e frutti, la STRADA si spianò, le mammme e i babbi tornarono..... umani, le macchine poterono di nuovo camminare, la luna risplendere e gli in-

namorati si davano di nuovo dei bei baccioni SMAK! SMAK!!!

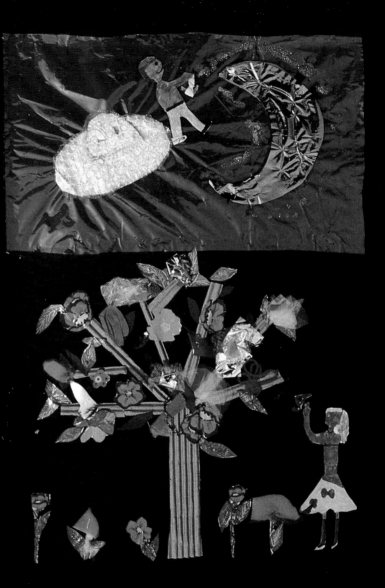

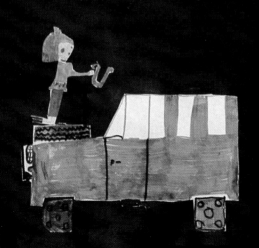

Cammina cammina Daniela finalmente arrivò in una stanza dove seduta in una conchiglia gigante c'era la sirena Aurora che suonava una stupenda arpa. Subito Daniela si avvicinò a lei per ascoltare la sua musica e rimase lì in silenzio finché Aurora non ebbe finito. Subito si chiesero molte cose: i loro nomi e parlandosi si accorsero che i loro caratteri erano molto simili. A tutte e due piaceva sognare e fantasticare e diventarono amiche inseparabili. Daniela raccontava della luce del sole del suo caldo tepore, del bianco candido della neve e dell'amore che le davano i suoi genitori, dei fiori e del loro profumo. Aurora ascoltava poi raccontava le meraviglie del mare. Imparò a conoscere i pesci e onde loro diventarono suoi amici, le fece vedere le caverne più belle, le perle delle conchiglie. Tutte le sere quando il sole tramontava Daniela andava sempre dalla sirena sua amica aiutata dal delfino che puntualmente l'aspettava e avevano sempre da raccontarsi cose nuove.